AF341394

LE COMBAT

DE

VILLERSEXEL

—

Extrait du Journal des Sciences militaires
(Numéro de mai 1879).

—

Paris. — Imprimerie de J. DUMAINE, rue Christine, 2.

LE COMBAT

DE

VILLERSEXEL

(9 janvier 1871)

PARIS

LIBRAIRIE MILITAIRE DE J. DUMAINE

LIBRAIRE-ÉDITEUR

Rue et Passage Dauphine, 30.

1879

LE COMBAT DE VILLERSEXEL.

(9 JANVIER 1871.)

L'histoire de la campagne de l'Est en 1871 n'est pas encore faite; elle ne saurait l'être de longtemps : il y aurait trop de personnalités importantes et respectables à mettre en jeu. On peut cependant, dès maintenant, réunir les matériaux qui serviront à la faire. A ce point de vue, le récit circonstancié du combat de Villersexel, c'est-à-dire du premier combat où fut engagée la dernière armée de la France, nous a paru digne d'être publié.

Les documents parus jusqu'à ce jour sur les mouvements de l'armée française dans cette journée sont très-rares et très-incomplets; par contre, deux ouvrages allemands : *Les Opérations du corps du général Werder*, par le capitaine Löhlein, et *Les Combats devant Belfort*, par von der Wengen, donnent une idée très-complète des mouvements des Allemands.

L'étude du théâtre même du combat et les renseignements recueillis près de témoins oculaires, nous ont convaincu de la véracité de ce dernier ouvrage; aussi est-il la principale source à laquelle nous avons puisé. Nous l'avons seulement complété par tous les renseignements, bien restreints, il est vrai, que nous avons pu avoir sur les mouvements des Français.

Tel qu'il est, ce récit forme un épisode intéressant de la guerre franco-allemande, que nous donnons sans commentaires, bien qu'il y ait plus d'un enseignement à en tirer.

SITUATION GÉNÉRALE.

Dans les premiers jours de janvier, l'armée de Bourbaki quittait la ligne Auxonne — Besançon pour se porter dans la direction de Belfort. On savait que le XIVe corps d'armée allemand, commandé par Werder, était à Vesoul; on voulait, en même temps, chercher à le couper de Belfort, délivrer cette place et se porter ensuite sur les communications de l'ennemi.

Le 24e corps français s'avançait au nord, entre le Doubs et l'Oignon, sa gauche appuyée à cette dernière rivière.

A sa gauche, le 20ᵉ corps, passant l'Oignon à Vorey, marchait sur Montbozon.

Plus à gauche, le 18ᵉ corps, passant l'Oignon à Pesmes, s'avançait sur Rioz et Vesoul.

Enfin, à l'extrême gauche, la division Cremer, fort en retard, était encore à Dijon.

Le 15ᵉ corps devait suivre en réserve.

Werder, après avoir évacué Dijon et Gray, s'était concentré autour de Vesoul; il connaissait l'orage qui grondait sur sa tête, mais il n'était pas encore fixé sur les intentions de l'armée française.

Il avait prévu trois éventualités : ou bien être attaqué à Vesoul, les Français voulant se diriger sur Nancy; ou tourné par sa gauche, pour être isolé de Belfort; ou tourné par sa droite, par Langres. Dans le premier cas, il devait tenir solidement Vesoul de front; dans les deux autres, il attaquerait les Français en flanc.

Le 8 janvier, Bourbaki avait son quartier général à Montbozon;

Celui du 24ᵉ était à Cuse;

Celui du 20ᵉ à Rougemont;

Celui du 18ᵉ à Montbozon.

Son flanc gauche était couvert par de forts détachements.

La division Cremer quittait seulement ce jour-là Dijon.

Quant au 15ᵉ corps, il était dirigé en chemin de fer sur Clerval et n'avait pas encore achevé son débarquement.

Werder, de plus en plus incertain sur la direction de l'attaque, multipliait autour de lui les reconnaissances.

Le 8, dans l'après-midi, il trouvait Villersexel non occupé; mais, rencontrant sur la route de Vesoul à Besançon des troupes françaises qui n'étaient autres que le 18ᵉ corps, qui, après avoir marché directement sur Vesoul, appuyait à droite, en marchant de l'ouest à l'est, pour se rapprocher du 20ᵉ, il les prenait pour les troupes avancées de l'armée marchant sur Vesoul et croyait de plus en plus à l'attaque de cette position.

A neuf heures du soir, il était encore dans cette erreur et donnait ses ordres en conséquence.

Mais il n'en continuait pas moins ses reconnaissances, que favorisait un beau clair de lune, et, dans le courant de la nuit, il apprenait que Villersexel était occupé par les Français; qu'on les rencontrait aussi à Saint-Ferjeux, à l'est de Villersexel, et qu'enfin les avant-postes signalés dans la journée à Echenoz, sur la route de Besançon à Vesoul, avaient disparu.

Dès lors il voit clair; il comprend que l'armée française marche sur Belfort, et, pour retarder son mouvement, il se jette dans son flanc gauche.

Le combat de Villersexel est la suite de cette résolution.

A trois heures du matin, le 9 janvier, Werder lançait l'ordre suivant :

« L'ennemi a occupé fortement Villersexel et retiré ses avant-postes d'Echenoz-le-Sec (route de Rioz à Vesoul).

« A gauche, le gros de la division badoise Glümer, avec l'artillerie de corps, marchera par Vy-lès-Lure sur Athesans.

« Au centre, la division Schmeling sur Villersexel, tenant son gros en arrière vers Aillevans.

« A droite, le général von Goltz, sa cavalerie sur les Monnins et Valleroy-le-Bois, le gros sur Noroy-le-Bourg.

« En réserve, une portion de la division badoise, brigade Keller, fournissant aussi un détachement d'arrière-garde à Vesoul, et un détachement pour aller au plus tôt renforcer von Treskow, vers Couthenans (près d'Héricourt), par Lure et Beverne.

« Les rapports devront me parvenir à Noroy-le-Bourg, et, de là, à la suite de la division Schmeling. »

Dans la soirée du 8, en effet, des troupes de la 3e division du 20e corps français avaient occupé Villersexel ; c'étaient deux bataillons de mobiles, l'un de la Corse, l'autre des Vosges, et un peu de cavalerie.

Aidés de la population, ils s'étaient occupés, dès le soir, de barricader le pont et l'avaient solidement fortifié au moyen de deux barricades, l'une à l'entrée, l'autre à la sortie, en les reliant par une sorte de chemin couvert fait de ballots et de madriers appuyés contre la balustrade.

PREMIER COMBAT (DANS LA MATINÉE).

Le 9 janvier, au matin, la division badoise envoyait sa première brigade sur Lure, par la grande route ; mais le gros de la division, avec l'artillerie de corps, marchait, par Calmoutier et Vy-lès-Lure, sur Athesans ; 3 bataillons, 2 batteries et 2 escadrons restaient à Vesoul ou aux environs.

A sept heures, la division Schmeling marchait de Noroy-le-Bourg sur Villersexel.

En arrière suivait le détachement Goltz, venant des environs de Vesoul, qui, arrivé à Noroy-le-Bourg, reçut l'ordre de marcher jusqu'à la grange d'Ancin.

Les routes étaient glissantes ; le matin, il tomba de la neige. Cependant, dans la matinée, le temps s'éclaircit, et l'on eut une belle mais froide journée d'hiver.

La division Schmeling exécuta sa marche jusqu'au hameau de la grange d'Ancin dans l'ordre suivant :

Avant-garde (général von TRESKOW II).

2 bataillons du 25ᵉ régiment;
1 escadron de uhlans;
2 batteries.

Gros (colonel von KNAPPE).

1 bataillon du 25ᵉ régiment;
5 bataillons de landwehr;
3 escadrons de uhlans;
3 batteries;
1 compagnie de pionniers;
1 détachement d'équipages de pont.

Un escadron de uhlans flanquait la division sur sa gauche.

Arrivée à la grange d'Ancin, l'avant-garde continua son mouvement sur Villersexel, par la grande route, à travers le bois du Grand-Fougeret; le gros se dirigea sur Aillevans; une compagnie du bataillon de landwehr de Thorn fut envoyée sur la route de Marast pour couvrir le flanc droit.

A neuf heures, l'avant-garde, sans avoir rencontré d'obstacles, débouchait de la forêt et se trouvait en face de Villersexel.

Comme elle le savait, le pont de pierre sur l'Oignon était barricadé par l'ennemi, qui occupait aussi les maisons voisines sur la rive gauche de la rivière et le château situé dans une position dominante.

DESCRIPTION DU TERRAIN.

La petite ville de Villersexel (1,400 habitants) est située sur la rive gauche de l'Oignon, qui coule dans une vallée couverte de prairies.

La rivière forme plusieurs bras qui se réunissent en cet endroit, et le ruisseau de Scey se jette dans la rivière, à l'est de la ville. Aussi le pont, appuyé sur plusieurs îlots, compte-t-il 200 mètres de longueur.

Les hauteurs, sur la rive droite de l'Oignon, sont couvertes d'une forêt qui s'étend jusque dans le voisinage d'Aillevans; dans sa partie principale, elle s'appelle le Grand-Fougeret. A l'ouest, d'autres bois, reliés à celui-là, s'étendent en cercle à plus ou moins grande distance autour des villages de Marast et d'Esprels, jusqu'à l'Oignon en aval.

Au sud-ouest du Grand-Fougeret coule le ruisseau du Lauzin, qui se jette dans l'Oignon un peu au nord-est de Moimay. A l'ouest de ce dernier village, entre Autrey-le-Vay et Marast, se trouve un bouquet de bois, plus long que large, nommé des Brosses; d'autres petits bois sont situés à l'ouest, près d'Esprels.

Au sortir du bois du Grand-Fougeret, la route est encore sur un terrain élevé, en face de Villersexel, mais découvert; de là, traversant la prairie située en avant, elle atteint le pont de pierre sur l'Oignon, pénètre dans la ville, la traverse du nord au sud, en se bifurquant pour mener à Rougemont vers le sud et à Belfort vers l'est.

Sur la lisière ouest de Villersexel s'élève un grand château construit sur une hauteur; un parc, qui descend jusqu'à l'Oignon, y attient.

Au sud et à l'est de la ville le terrain est ondulé et en partie couvert de vignes; c'est, en général, un pays découvert, limité à l'est par le ruisseau de Beveuge et au sud par les bois en arrière de Villargent et des Magny, puis par le fond que suit le ruisseau de Peutte-Bue.

Du côté de l'ouest le terrain est limité par l'Oignon, de la vallée de laquelle part, à 1 kilomètre environ au sud de Villersexel, le bois de Chailles, qui s'étend sur une partie de la hauteur que coupe la route de Rougemont.

Entre Villersexel et les Magny, le terrain, d'ailleurs découvert, est coupé par le bois du Petit-Fougeret. Il y a encore, au nord-ouest de Villers-la-Ville, le bouquet de bois des Breuleux, dont il sera fait mention dans le récit du combat.

Vers neuf heures, l'avant-garde de la division Schmeling débouchait du bois du Grand-Fougeret et commençait à se déployer. Ses deux batteries s'établissent à gauche de la route, en avant de la lisière sud du bois. Elles ouvrent le feu sur le pont et sur les maisons situées en arrière, d'où partaient des coups de fusil. Comme on tirait aussi du château, les deux batteries dirigent également leur feu sur le vaste bâtiment.

Les 9e et 10e compagnies du 25e se portent en tirailleurs vers le pont et s'établissent en partie dans les maisons situées en deçà.

Pour couvrir le flanc droit, la 8e compagnie de ce régiment est envoyée sur la lisière de la forêt du côté de Moimay. Les patrouilles poussées jusqu'au village le trouvent inoccupé; la compagnie, s'avançant jusque-là, déploie un peloton sur la rive droite de l'Oignon que borde une ligne de peupliers.

Pendant ce temps-là, le 1er bataillon du 25e, qui faisait partie du gros et marchait vers Aillevans, avait été rappelé pour renforcer l'avant-garde. Il arrivait quand le combat était déjà engagé et il prenait tout d'abord position à côté des deux batteries.

Le gros de la division continuait sa marche sur Aillevans et jetait un pont sur l'Oignon, près de Longevelle.

Pour protéger cette opération, on fit passer à gué un escadron de uhlans et deux compagnies de landwehr.

Tous les villages situés sur la rive gauche furent trouvés non occupés par les Français, sauf Saint-Sulpice, où l'on fut reçu à coups de fusil. Un autre bataillon passa de même la rivière à gué, et pendant que les pionniers jetaient leur pont, ces troupes s'avançaient snr la ligne de hauteurs entre Longevelle et Saint-Sulpice. La troupe française qui occupait ce dernier village (environ une compagnie) l'évacua quand le combat engagé devant Villersexel commença à devenir sérieux.

DESCRIPTION DE VILLERSÉXEL.

La petite ville, située tout entière sur la rive gauche, occupe une petite croupe qui s'étend parallèlement à l'Oignon et que surmonte un petit plateau. Cette croupe, moins élevée que le terrain environnant du côté de l'est et du sud-est, se relie par des pentes très-douces aux hauteurs voisines, qui masquent complétement la vue de la ville quand on arrive par le sud ou par l'est.

Vers le sud et vers l'ouest, la croupe se relie au fond de la vallée par des pentes douces, mais la pente du côté nord est au contraire très-raide.

C'est sur cette pente raide et sur le petit plateau qui termine la croupe qu'est bâtie la ville. Elle se partage ainsi naturellement en un bourg haut et un bourg bas que réunissent des rues très-inclinées.

Dans le bourg haut sont les principales maisons de la ville, ainsi que l'église, la mairie et le château; celui-ci, situé à l'extrémité ouest de la croupe, est séparé de la ville par un mur en pierre qui descend la pente nord presque perpendiculairement.

Entre le pied de la croupe et la rivière est une bande étroite de terrain qu'occupe une rangée irrégulière de maisons et qui se termine d'un côté au pont, et de l'autre à une prairie qui s'étend au pied de la hauteur qu'occupe le château.

Le château est entouré d'un parc qui a environ 500 mètres dans sa plus grande longueur et s'étend, à l'ouest et au sud, jusqu'à la rivière. Le parc est boisé dans toute la partie ouest. Un mur le ferme du côté du sud comme du côté de l'est; celui du sud était en assez mauvais état. L'entrée principale du parc et du château est sur le plateau, face à l'église.

Le château appartient au comte de Grammont qui, propriétaire en même temps d'une forge située à hauteur de l'extrémité ouest du parc, mais sur la rive droite de l'Oignon, avait fait établir une communication permanente entre le parc et la forge. En venant de celle-ci, on traverse un premier bras étroit, sur un petit pont en bois; on se trouve alors dans une île et on arrive au bras principal, large d'une quinzaine de mètres et assez profond. On le franchit sur un petit pont suspendu composé de trois faisceaux de fils de fer supportant un tablier avec garde-fou, mais si peu large qu'on ne peut passer qu'un homme de front, et encore est-on obligé de se tenir au garde-fou à cause du balancement qu'imprime au pont le moindre mouvement qu'on y fait.

Ajoutons qu'au bout du mur du côté est, et au pied de la hauteur, se trouve, sur une dérivation de la rivière, un grand moulin à deux étages.

Ainsi les Prussiens, en débouchant par le nord, avaient devant eux la ville s'étalant en amphithéâtre et dominée par le château dont la façade se démasquait complétement en face de la forêt.

Quand l'avant-garde eut débouché du bois tout entière, le combat devint général. Comme l'attaque d'un pont barricadé est une opération difficile, si l'on n'agit que de front, le général von Treskow envoya les 11e et 12e compagnies du 25e faire un mouvement tournant sur la gauche des Français. En descendant le long de l'Oignon, la 11e compagnie, qui était en tête, trouva intacte la passerelle qui mène de la forge au château, et qui n'était gardée que par une soixantaine d'hommes. Cette faible troupe ne sut pas défendre cet étroit défilé; elle fut bientôt refoulée, et la compagnie prussienne, après avoir franchi la passerelle, ce qui dut demander un certain temps, s'avança dans le parc, suivie en arrière par la 12e compagnie. Elle marcha à l'attaque du château qui, mal défendu, fut de même rapidement enlevé, et elle y prit 1 officier et 20 hommes; seulement il est possible que, surpris par la rapidité de l'attaque débouchant d'un côté où on ne l'attendait point, un certain nombre d'hommes, dans l'impossibilité de s'enfuir à temps, se cachèrent dans le château.

Pendant que les 11e et 12e compagnies se disposaient à se porter du château contre les défenseurs du pont de pierre, pour les prendre à revers, le général von Treskow envoyait par la passerelle deux autres compagnies qui allaient occuper le parc et la sortie de la ville du côté de Rougemont, couvrant ainsi de ce côté l'attaque des 11e et 12e compagnies.

Cependant l'attaque directe du pont continuait. Les 1re et 3e compagnies furent envoyées de la lisière sud du bois du Grand-Fougeret pour renforcer les 9e et 10e, déployées en face du pont; sous un feu d'infanterie très-vif, elles traversèrent la prairie et s'établirent autant que possible dans les maisons situées en deçà de la rivière.

Les 2e et 4e compagnies restèrent provisoirement dans la forêt près de l'artillerie, mais un peu plus tard elles furent dirigées par la passerelle sur Villersexel.

Peu de temps après l'entrée en ligne des 1re et 3e compagnies en face du pont, une troupe française, forte d'environ une compagnie, parut au delà de la rivière sur la hauteur à l'est de la ville, avec l'intention évidente d'appuyer sur son flanc la défense du pont. Quelques coups de l'artillerie prussienne arrêtèrent son action.

Sur ces entrefaites, l'apparition des 11e et 12e compagnies s'avançant par la rive gauche de l'Oignon révéla aux Français le danger qu'ils couraient; ils abandonnèrent alors leur position sur le pont et se mirent en retraite.

Quand on s'aperçut de ce mouvement, les quatre compagnies déployées en face du pont s'élancèrent en avant, franchirent la barricade et pénétrèrent dans les rues.

Les 1re et 3e compagnies furent envoyées tout de suite à l'entrée sud-est de la ville, que la 3e compagnie occupa pendant que la 1re prenait position sur les hauteurs qui s'élèvent au nord.

Par suite de l'occupation des deux principales sorties de la ville, et grâce à la marche rapide des Prussiens vers la lisière sud, on réussit à faire de nombreux prisonniers, et il est probable encore qu'un certain nombre de soldats français se réfugièrent dans les maisons et s'y tinrent cachés.

Les 2e et 4e compagnies, arrivant par la passerelle, vinrent occuper la lisière sud de la ville en liaison avec les deux compagnies qui y étaient déjà.

Les barricades du pont furent immédiatement démolies, et un escadron de uhlans, conduit par le capitaine von Wernstorff, se porta rapidement vers la sortie est de la ville pour poursuivre les Français. Il arriva assez à temps pour atteindre et disperser une compagnie qui se repliait du ruisseau de Scey vers Villers-la-Ville, et qui, malgré la bonne contenance de ses officiers, se défendit mollement. Les uhlans firent prisonniers 2 officiers et 61 hommes.

Pendant ce temps-là, le 25e régiment occupait régulièrement le château et la lisière sud de la ville, et faisait explorer le terrain au delà.

La 8e compagnie resta dans sa position à Moimay, et la 5e vint occuper la forge située près de la passerelle.

Il devait être plus de dix heures et demie quand Villersexel fut complétement au pouvoir des troupes prussiennes. Il y eut alors un moment de répit; les Français s'étaient retirés, on n'en voyait plus aucun devant Villersexel.

Environ 300 prisonniers, dont 1 officier supérieur et 15 autres officiers, étaient aux mains des vainqueurs. Le lieutenant-colonel Parent, des mobiles de la Corse, avait été tué.

Pendant ces événements, le détachement Goltz, avec lequel se tenait le général Werder, s'était avancé par Borey sur Villersexel. Il marchait dans l'ordre suivant :

Avant-garde.

2 bataillons du 30ᵉ régiment ;
1 escadron de hussards ;
2 batteries.

Gros.

1 bataillon du 30ᵉ régiment ;
3 bataillons du 34ᵉ régiment ;
2 escadrons de dragons ;
1 batterie.

Le combat que nous avons décrit touchait à sa fin quand le détachement atteignit la grange d'Ancin ; là il fut arrêté et reçut l'ordre de couvrir le flanc droit vers Moimay — Marast, et au besoin de soutenir la division Schmeling devant Villersexel.

Le général Werder se rendit alors près du gros de cette division à Aillevans, et s'arrêta sur une hauteur voisine d'où la vue s'étend au loin.

Le temps s'était complétement éclairci.

DEUXIÈME COMBAT (dans la journée).

Sur ces entrefaites, l'armée française, qui s'était mise en route dès le matin, s'avançait en remontant l'Oignon.

Sur la rive droite, le 18ᵉ corps venait de Cognières, et, sur la rive gauche, le 20ᵉ venait de Rougemont et le 24ᵉ de Cuse.

Le 24ᵉ corps marchait sur Saint-Ferjeux et Arcey. Il paraît qu'au bruit du canon les 1ʳᵉ et 2ᵉ divisions s'arrêtèrent, pendant que la 3ᵉ continuait sa marche vers l'est ; dans tous les cas, il est certain qu'on se borna à faire occuper Saint-Ferjeux par un régiment, pour se garder du côté de Villersexel, et qu'en somme le 24ᵉ corps ne prit aucune part au combat du 9 janvier.

En tête du 18ᵉ corps marchait la 1ʳᵉ division (Feillet-Pilatrie), qui avait l'ordre de pousser jusqu'à Pont-l'Oignon et Autrey.

En tête du 20ᵉ corps marchait la 3ᵉ division (Séghars), à laquelle appartenaient les bataillons qui occupaient Villersexel dans la matinée.

COMBAT SUR LA RIVE DROITE.

La marche de l'armée française devait bientôt se faire sentir. Vers onze heures trois quarts, une batterie apparut sur la route de Cubrial, se porta au saillant nord du bois de Chailles, et ouvrit le feu contre les deux batteries prussiennes qui étaient près du bois du Grand-Fougeret.

Comme de cette position les batteries prussiennes ne pouvaient pas combattre efficacement l'artillerie ennemie, les deux batteries de l'avant-garde de la colonne Goltz, avec 2 compagnies du 30ᵉ comme soutien, furent envoyées à Moimay. Elles prirent position sur la hauteur, au nord du village, à la lisière sud des Grands-Bois, et ouvrirent le feu contre la batterie française.

Deux autres compagnies du 30ᵉ furent en même temps envoyées, par la forêt, vers l'Oignon, en aval de Villersexel, pour se déployer le long de la rive droite et inquiéter par leur feu la batterie française, sur laquelle tirait aussi la 8ᵉ compagnie du 25ᵉ, établie en aval de Moimay, sur la même rive.

Le général von Goltz prit ses dispositions pour occuper, avec le 34ᵉ régiment, les villages de Moimay et de Marast. A Marast, on envoya 2 compagnies. Le gros du régiment (9 compagnies) marcha sur Moimay. Le reste du détachement Goltz restait en réserve à la grange d'Ancin.

Pendant que les deux batteries de la lisière des Grands-Bois entretenaient le feu contre la batterie française, assez bien masquée par le bois de Chailles, le général von Goltz prit, dans leur soutien, 2 pelotons et demi de la 6ᵉ compagnie du 30ᵉ, leur fit passer le Lauzin et attaquer le bois des Brosses, en avant de Moimay. Il n'y avait pas de Français dans ce bois. Alors les deux batteries se portèrent en avant, franchirent le Lauzin au pont de Moimay, et prirent position tout près du bois, sur la hauteur que couronne ce village. Dans cette position, les batteries étaient flanquées, à droite, par les pelotons de la 6ᵉ compagnie, installés dans le bois des Brosses, où la 7ᵉ compagnie vint les rejoindre pour occuper, à leur droite, la partie nord du bois.

La 8ᵉ compagnie du 25ᵉ restait dans Moimay. La batterie française de la rive gauche de l'Oignon cessa bientôt son feu.

Au moment où les deux batteries prussiennes arrivaient sur leur nouvelle position à Moimay, les Français déployaient 2 batteries sur la hauteur à l'ouest de Marast. Ces batteries ouvrirent leur feu sur les batteries prussiennes, sur le demi-bataillon du 34ᵉ qui s'avançait dans cette direction, renforcé d'une compagnie du bataillon de Thorn, et sur le gros du 34ᵉ, au moment où il traversait la prairie que baigne le Lauzin.

Bientôt les Français mettent encore en ligne 2 batteries sur la hauteur à l'ouest d'Autrey-le-Vay; elles prennent pour objectif le 34ᵉ, qui s'avançait, et l'artillerie prussienne de Moimay. C'était l'avant-garde du 18ᵉ corps qui commençait à se déployer.

Les batteries de Moimay ripostèrent vivement au feu de l'artillerie française, de force double. Pour les renforcer, on appela la batterie Fischer, restée jusqu'alors à la grange d'Ancin; on la mit en réserve en arrière de Moimay, tout près du village.

Cependant le 34e arrivait à Moimay; 8 compagnies occupaient le village, pendant que la 11e compagnie restait en réserve à la lisière des Grands-Bois.

Le demi-bataillon du 34e et la compagnie de Thorn envoyés à Marast étaient, malgré la fusillade, arrivés jusqu'au village, que les Français n'occupaient pas encore; mais ils ne purent s'y maintenir sous le feu de l'artillerie et se replièrent jusqu'à la lisière du bois qui est vis-à-vis sur la route d'Aillevans. De là, la compagnie de Thorn rejoignit plus tard son bataillon à la grange d'Ancin.

Le 25e régiment, dans l'attente d'une attaque, se tenait prêt à défendre la lisière est et sud de Villersexel; il avait envoyé quelques détachements sur les hauteurs les plus proches. La 8e compagnie était rentrée de Moimay; les trois bataillons étaient là.

Vers une heure, les deux batteries restées jusque-là devant le bois du Grand-Fougeret furent envoyées sur la hauteur qui s'étend en avant de la sortie est de la ville, au sud de la route de Villers. La 3e compagnie du 25e, avec le peloton de tirailleurs de la 1re compagnie, formait son soutien.

Les huit compagnies du 30e régiment, encore disponibles à la grange d'Ancin, furent amenées à Villersexel pour occuper le château et le parc. Les deux compagnies de ce régiment qui avaient d'abord été déployées sur la rive droite de l'Oignon furent rappelées; les 6e et 7e compagnies restèrent comme soutien spécial de l'artillerie à Moimay.

Comme les patrouilles envoyées d'Aillevans vers le sud ne signalaient sur les routes conduisant à l'est que de petites fractions françaises, le général Werder se décida à arrêter la marche de la division badoise vers la Lizaine; elle était à Athesans quand elle reçut cet ordre; elle fit demi-tour, et, aux premières heures de l'après-midi, elle était en marche sur Aillevans et Villersexel. De même la 1re brigade badoise, qui marchait sur Lure, reçut l'ordre de faire halte.

Pendant que le calme régnait encore sur le front devant Villersexel, le combat d'artillerie continuait avec vivacité à Moimay. La batterie Fischer, jusque-là en réserve, était amenée en ligne sur la hauteur de Moimay. Il n'y avait toujours que 2 batteries françaises à Marast et 2 à Autrey. Leur tir faisait peu de mal aux batteries prussiennes.

Vers deux heures, les batteries de Marast se turent, mais celles d'Autrey continuèrent le feu, et, au bout d'une demi-heure, 2 batteries françaises reparurent en arrière de Marast.

Pendant cette canonnade, le combat avait repris également devant Villersexel.

Vers deux heures, les Français commencèrent à se déployer en face de la ville. Ils établirent 2 batteries au nord du ruisseau de Peutte-Bue, à droite et à gauche de Magny-le-Petit. L'artillerie prussienne répondit d'abord très-vivement au feu de ces pièces, mais ralentit bientôt son tir, car, à cause de la position couverte des batteries françaises, elle ne pouvait en observer l'effet.

Des essaims de tirailleurs marchaient contre la ville ; le bois de Chailles, près de l'Oignon, et le bois du Petit-Fougeret leur offraient d'avantageux points d'approche. Les batteries prussiennes devant Villersexel furent même atteintes et inquiétées par le feu de ces tirailleurs.

Le gros des troupes françaises déployées paraît s'être tenu en arrière des villages de Magny et de Villers-la-Ville, dans une position abritée.

Pour empêcher les Français de déboucher de Villers-la-Ville, 2 compagnies du 25ᵉ prussien sont envoyées au petit bois de Breuleux ; une de ces compagnies occupe le bois même ; l'autre s'établit à la même hauteur, au sud de la route.

Elles engagent, avec les Français installés dans Villers-la-Ville et au sud de ce village, un feu très-vif ; le peloton de tirailleurs de la 1ʳᵉ compagnie, quittant sa position à la sortie est de la ville, vient les renforcer.

Vers trois heures, une batterie française s'avance jusque sur la hauteur à l'ouest du bois du Petit-Fougeret ; mais, après quelques coups, elle est forcée, par le feu précis de l'artillerie prussienne, de se retirer.

Sur ces entrefaites, le gros de la division Schmeling, rappelé d'Aillevans, débouchait, vers trois heures, du bois du Grand-Fougeret ; il est tout d'abord envoyé dans la prairie, sur la rive droite de l'Oignon, au nord de Villersexel.

Le bataillon de Wehlau et la compagnie de Thorn, rappelés de Longevelle et de Saint-Sulpice, avaient suivi le mouvement. Arrivée à la grange d'Ancin, la compagnie de Thorn rejoint l'autre compagnie du même bataillon restée là. Dans sa position devant Villersexel, le gros de la division reçut quelques obus qui, tombant à côté de lui, ne firent aucun mal.

A Moimay, le combat des trois batteries prussiennes contre les quatre batteries françaises continuait avec la même intensité.

Sur la route de Montbozon, on voyait de fortes colonnes qui s'avançaient ; leurs masses se déployaient entre Autrey et Esprels.

La batterie prussienne Riemer, qui combattait spécialement les batteries de Marast, était exposée non-seulement au feu de ces batteries, mais aussi au feu de celles d'Autrey, qui la prenaient de flanc et l'incommodaient fort. Son commandant essaya, vers trois heures, de se rapprocher de l'artillerie française, pour la combattre avec plus d'énergie.

Comme le bois des Brosses était occupé par 2 compagnies du 30e, il se croyait complétement couvert de ce côté. La batterie amena donc les avant-trains, franchit le fond qui était en avant d'elle, et se dirigea vers Autrey en longeant la lisière est du bois. Mais à l'instant où elle arrivait près de la pointe sud, elle reçut tout à coup une fusillade tirée à petite distance. Cet incident provenait de ce que les deux compagnies du 30e établies dans le bois avaient appuyé vers le nord du côté de Marast, évacuant ainsi la partie sud du bois ; les Français avaient réussi, sans être remarqués, à y jeter une bande de 50 à 60 tirailleurs.

La position de la batterie était critique. Cependant l'énergie et la prudence du capitaine Riemer et le dévouement de ses hommes parvinrent à l'en tirer. La batterie fit immédiatement demi-tour et regagna sa position précédente ; mais on n'avait ramené tout d'abord que 4 canons, car à la 1re pièce 2 chevaux étaient blessés, et à la 5e le sous-verge du milieu était tué, si bien que les deux pièces étaient restées en avant du bois. Il fallut réorganiser les attelages sous le feu de l'ennemi. Grâce à la bravoure des servants, on y parvint, et les deux pièces regagnèrent la hauteur de Moimay.

Pendant ce temps-là, un peloton de la 6e compagnie du 30e, voyant la position critique de la batterie, était accouru en toute hâte, avait débusqué du bois les tirailleurs français, et la lisière ouest fut réoccupée par les Prussiens ; le reste de la 6e compagnie avait suivi en arrière comme soutien. Les Français revinrent bientôt avec du renfort. Deux pelotons se portèrent résolûment à leur rencontre et les contraignirent à la retraite en leur infligeant des pertes sensibles.

Pour défendre ce bois, important pour la position de l'artillerie, on envoya alors les 5e et 8e compagnies du 34e, qui s'établirent dans la partie sud.

Les Français envoyèrent d'Autrey une nouvelle ligne de tirailleurs (environ une compagnie); un bataillon massé suivait en arrière ; un violent combat d'infanterie et d'artillerie s'engagea.

En arrière de Marast également, on aperçut de fortes troupes françaises, contre lesquelles n'étaient opposées que deux compagnies du 34e, qui se tenaient à la lisière du bois, près de la route de la grange d'Ancin.

A quatre heures passées, arriva à Moimay l'ordre d'évacuer cette position. Les trois batteries prussiennes se retirèrent en arrière du Lauzin et prirent sur la hauteur, devant les Grands-Bois, une position de soutien. Les compagnies qui étaient dans le bois des Brosses furent repliées sur Moimay, et de fortes troupes d'infanterie française occupèrent ce bois pendant que de l'autre côté elles occupaient aussi Marast.

Un instant après arriva l'ordre de se maintenir dans Moimay jusqu'à la dernière extrémité. Le 34ᵉ régiment réoccupa donc le village, mais les trois batteries restèrent en arrière près de la forêt.

Comme la possession de Moimay était de la plus haute importance pour couvrir la ligne de retraite des troupes qui combattaient au sud de l'Oignon, on prit dans le gros de la division Schmeling, arrêté devant Villersexel, deux compagnies du bataillon de Graudenz, et on les mit en réserve derrière Moimay. De plus, sur l'ordre du général Werder, deux bataillons et demi du 30ᵉ, qui occupaient le château et le parc de Villersexel furent envoyés à l'aide de l'aile droite menacée et y arrivèrent après quatre heures. De même, le gros de la division badoise, qui arrivait à Aillevans, reçut avis de marcher dans la direction de Marast.

Le commandant de la division badoise, le général von Glümer établit sa 2ᵉ brigade, avec quatre batteries, sur la route de la grange d'Ancin à Marast.

Pour couvrir le flanc gauche des troupes qui combattaient au sud de l'Oignon, la même brigade envoya un bataillon avec deux batteries et un peloton de dragons, franchir le pont de bateaux et marcher, par Longevelle, vers Saint-Sulpice, d'où, pour établir la communication avec les troupes de Villersexel, une compagnie fut envoyée par le pont sur le Scey, que les Français n'avaient pas coupé, jusqu'à Notre-Dame-de-la-Pitié.

L'artillerie badoise, envoyée contre Marast, se porta avec trois batteries, vers quatre heures et demie, en avant de la forêt, sur la hauteur à droite de la route. Dans cette position, elle fut battue assez vivement par le feu de l'infanterie française, pendant que, en arrière de Marast, apparaissaient deux colonnes françaises. L'artillerie badoise dirigea son feu sur le village et sur les colonnes signalées ; celles-ci se retirèrent. Par contre, deux batteries françaises, de la hauteur derrière Marast, ouvrirent le feu contre l'artillerie badoise.

A l'arrivée des troupes badoises, les deux compagnies du 34ᵉ, qui avaient jusqu'alors gardé la position de ce côté, rejoignirent Moimay. Le combat d'artillerie dura jusqu'à la nuit, après cinq heures du soir. Il cessa de ce côté par la retraite des Français ; Marast, évacué par eux, fut occupé par le 3ᵉ badois [1].

---

[1] Voici ce qu'on lit dans l'*Historique du 42ᵉ de marche français* (ce régiment, qui appartenait à la 1ʳᵉ brigade de la 1ʳᵉ division du 18ᵉ corps, forma dans cette journée l'extrême gauche de la ligne française) :

« A onze heures, l'ennemi démasque ses pièces. L'artillerie de la division

A Moimay, où les Allemands se bornaient à la défensive, les Français avaient continué le combat. Les batteries d'Autrey canonnèrent quelque temps Moimay, où était le 34°; enfin vers cinq heures, les Français, sortant du bois des Brosses, marchèrent à l'attaque du village. Arrivés à 300 mètres de la lisière ouest de Moimay, ils sont reçus par un feu rapide qui les arrête et ils rentrent en hâte dans le bois, après avoir subi des pertes sérieuses. Ils ne tentèrent pas de nouvelle attaque.

Avec l'arrivée de la nuit le combat prend fin de ce côté. Les deux bataillons et demi envoyés de Villersexel se retirent et viennent se placer en réserve sur la hauteur en arrière du Lauzin.

COMBAT SUR LA RIVE GAUCHE.

Reportons-nous maintenant près des troupes de la division Schmeling qui luttaient à Villersexel.

Pendant que les deux batteries françaises établies près de Magny continuaient leur feu et que les tirailleurs envoyés en avant inquiétaient la position allemande, il devint sensible que les Français augmentaient successivement leurs forces à Villers-la-Ville, et que le combat devenait de ce côté de plus en plus vif. Plusieurs fois, les Français avaient tenté de déboucher du village, mais chaque fois ils avaient été refoulés par le feu des compagnies établies au bois des Breuleux.

Vers quatre heures, on signala, de la hauteur à l'est de Villersexel, la marche d'une forte colonne française (environ quatre bataillons), allant de Villargent vers Villers-la-Ville. On fit alors venir, du gros de la division, resté au nord de l'Oignon, une batterie qui prit position à l'est de la ville, au sud du ruisseau de Scey. Le ba-

---

lui répond. La 2° brigade se déploie, prenant Moimay pour objectif; la 1re se déploie à gauche. Le 42° place un bataillon face au nord-ouest, observant le bois de la Bouloye, et masque ses deux autres bataillons dans un pli de terrain, au nord d'Esprels.

« A trois heures, le régiment reçoit l'ordre d'occuper Marast. Six compagnies pénètrent par trois points dans le village et s'y installent sans coup férir, mais sous une grêle d'obus. Quatre autres compagnies occupent la terrasse dominant Marast, et sont reliées aux réserves placées dans les bois sur leurs derrières. La nuit arrive sans autre incident, et la journée semblait terminée lorsque, vers huit heures du soir, une colonne prussienne, sortant du bois de la Genevraye, fond subitement sur la gauche de Marast. Une panique s'empare des compagnies de la terrasse, et elles cèdent le terrain malgré les efforts des officiers. Le 3° bataillon, qui est dans Marast, voit qu'il ne peut plus tenir dans le village et l'évacue.

« A dix heures du soir, le régiment est ramené sur les positions qu'il avait avant l'occupation du village. A minuit, les Prussiens l'évacuent, et, à une heure du matin, le régiment a ses trois bataillons à cheval sur la route de Vesoul à Marast et au delà de ce village. »

taillon de landwehr d'Ortelsbourg, appelé en même temps, lui servait de soutien. La batterie ouvrit le feu sur Villers-la-Ville. Quand la nuit commença à paraître, le bataillon d'Ortelsbourg se déploya sur la hauteur et se relia avec la compagnie badoise installée, comme on le sait, près de Notre-Dame-de-la-Pitié.

C'est vers quatre heures, avons-nous dit, que le 30e régiment, chargé jusqu'alors de défendre le château et le parc, avait été envoyé à Moimay. Le 25e régiment qui, pendant ce temps, combattait à la lisière sud de la ville et en avant, n'avait pas eu connaissance de ce mouvement dont personne ne l'informa. Château et parc restaient donc inoccupés, tandis qu'au 25e régiment on était persuadé qu'on était couvert de ce côté-là par le 30e.

Les Français paraissent avoir su bientôt que le château et le parc étaient évacués par les Prussiens. Il est aussi fort possible qu'ils en aient été informés par les soldats eux-mêmes qui s'étaient cachés dans le château après le combat du matin. Toujours est-il que de forts groupes d'infanterie arrivèrent sans être vus et réussirent à occuper le parc et le château, pendant que le 25e régiment gardait encore sa position à la lisière sud de la ville. Il est certain que la majeure partie entra par une brèche qu'on fit dans le mur sud du parc, vers son milieu ; le mur était en mauvais état et quelques hommes l'escaladant isolément durent faire dégringoler quelques pierres, ce qui donna l'idée de pratiquer une brèche que l'on put faire sans difficulté, le mur étant peu solide. C'est vers quatre heures et demie du soir que cette réoccupation du château dut avoir lieu.

A Villers-la-Ville, les Français devenaient de plus en plus pressants. Les deux compagnies prussiennes, installées dans le bois des Breuleux, se trouvèrent dans une position de plus en plus difficile contre le feu toujours croissant de l'ennemi. Pour les appuyer et repousser l'attaque imminente des Français, on envoya vers Villers-la-Ville la batterie qui se trouvait près de la sortie est de la ville. Il était quatre heures. La batterie se porta rapidement au sud de la route, et, malgré le feu de l'infanterie française, s'établit sur la hauteur entre le bois des Breuleux et celui du Petit-Fougeret, au moment où les tirailleurs du 25e se voyaient déjà contraints d'évacuer la lisière est du bois des Breuleux.

Une colonne française commençait à déboucher de Villers. Après quelques coups bien ajustés de la batterie prussienne, cette colonne se dispersa et se jeta sur la lisière du village. La batterie dirigea alors son feu non-seulement sur les maisons, mais aussi sur des troupes françaises qu'on voyait en arrière, et qu'elle tint ainsi en échec. Les compagnies prussiennes du bois des Breuleux se rassemblèrent en arrière du bois. Au bout d'un quart d'heure de feu, la batterie reçut l'ordre de reprendre son ancienne position, ce qu'elle fit au pas. Les compagnies du 25ᵉ se replièrent également sur la ville, sans être poursuivies.

Sur ces entrefaites, l'évacuation de Villersexel avait été ordonnée, le but du combat pouvant être considéré comme atteint. Les troupes prussiennes commencèrent vers quatre heures et demie à évacuer leurs positions et à se retirer par le pont de pierre de l'Oignon, au delà duquel, du côté de la sortie nord, se tenait le colonel von Knappe avec le gros de la division Schemeling.

Mais le train de cette division, sans en avoir reçu l'ordre, s'était dirigé par la route de la grange d'Ancin sur Villersexel; la tête de ce convoi atteignait déjà le pont quand on l'arrêta. Comme il y avait encore sur la même route les deuxièmes échelons de munitions des batteries engagées au sud de l'Oignon, les premières voitures de la colonne du train ne purent pas faire demi-tour assez vite, pour que l'artillerie qui était en retraite pût passer immédiatement. Il en résulta sur le pont un encombrement inouï.

Au sud de Villersexel, l'artillerie ennemie se taisait peu à peu. Quand les Français s'aperçurent que les Prussiens évacuaient la ville, ils lancèrent leur infanterie sur la lisière sud.

Que s'était-il passé du côté des Français? Quelles étaient les forces engagées? C'est ce qu'il serait intéressant de connaître, mais les renseignements nous manquent. Tout ce que nous savons, c'est qu'il n'y eut d'engagé du côté de Marast et de Moimay que la 1ʳᵉ division du 18ᵉ corps; que, du côté de Villers-la-Ville, les troupes en action appartenaient à la 3ᵉ division du 20ᵉ corps et à la brigade Vivenot (2ᵉ division) : cette brigade avait sa droite au bois du Petit-Fougeret et sa gauche à la route de Rougemont; enfin, que la 2ᵉ division (Penhoat) du 18ᵉ corps franchit l'Oignon sur la glace, près du moulin d'Autrey, pour venir occuper le centre de la ligne de bataille.

C'est la brigade Perreaux, de cette division, composée d'infanterie légère d'Afrique et du 92ᵉ de ligne, qui eut à combattre autour du château, comme nous le montrera la suite du récit.

Nous croyons donc qu'il n'y eut que quatre divisions engagées; mais nous ignorons dans quelle proportion les troupes de ces divisions prirent part à l'action.

Au moment de la retraite des Prussiens, le brouillard s'était élevé sur l'Oignon, comme cela arrive souvent en hiver au coucher du soleil, de sorte que la vue était assez limitée.

Les troupes qui se retiraient commençaient à déboucher au nord de l'Oignon, quand les Français, qui avaient pénétré dans le château, ouvrirent contre le pont une vive fusillade, en même temps qu'ils poussaient de forts groupes de tirailleurs le long de la rive sud de l'Oignon et dans les rues de la ville les plus voisines. Il en résulta que le 2ᵉ bataillon du 25ᵉ régiment prussien, qui était le plus voisin du château, se heurta contre les troupes françaises dans sa retraite vers le pont et dut s'ouvrir passage à la baïonnette. Le commandant du bataillon se trouva cerné au milieu d'un groupe de tirailleurs français et tomba grièvement blessé sous leurs coups de crosse.

Le colonel du 25ᵉ, sur l'ordre du général von Treskow, avait replié son régiment avec l'intention de défendre la ville assez longtemps pour pouvoir faire une retraite en ordre, et, comme les Français menaçaient surtout du côté du sud-est, il ne s'était pas occupé du château, qui est du côté nord-ouest et qu'il ne savait pas évacué.

A cet instant arrivait le général von Schmeling, qui, expliquant qu'il y avait eu malentendu, donnait l'ordre de réoccuper la ville et le château.

Les trois batteries qui étaient entrées en action dans la journée se portèrent sur la route directe d'Aillevans, à l'entrée de la forêt ; mais les trois bataillons du 25ᵉ, qui en partie avaient déjà passé le pont et en partie étaient encore en deçà, revinrent dans la ville, où l'infanterie française avait déjà pénétré en forces importantes.

L'obscurité était venue ; alors s'engagea un combat de nuit opiniâtre et sanglant qui dura environ huit heures et qui peut compter parmi les plus horribles combats de toute la guerre.

Les Français se jetèrent en partie dans les maisons et firent une vigoureuse résistance. Néanmoins le 25ᵉ réussit à les repousser jusqu'à la lisière sud, et réoccupa ainsi la sortie du côté de Villers-la-Ville ; mais la sortie sud-ouest, celle qui mène vers Rougemont, resta aux mains des Français.

Pour empêcher les Prussiens de gagner du terrain, les Français mirent le feu à plusieurs maisons ; les Prussiens en firent autant de leur côté, quand, malgré tous leurs efforts, ils ne pouvaient parvenir à déloger leurs adversaires des maisons[1].

Bientôt la lueur de l'incendie et d'épais nuages de fumée s'étendirent sur la ville, qu'éclairait un beau clair de lune par une froide nuit d'hiver.

Pendant que le 25ᵉ régiment regagnait du terrain dans la direc-

---

[1] Dans ce retour offensif des Prussiens sur la ville, quinze Français environ se trouvèrent coupés complètement de leur parti, et se jetèrent dans une maison pour y faire une défense énergique. Comme ils repoussaient toutes les sommations, les Prussiens mirent le feu à la maison pour en expulser les défenseurs. Mais la petite poignée d'hommes continua jusqu'au bout son héroïque résistance, et s'ensevelit sous les ruines de la maison, qui s'écroula avec fracas au milieu de cris épouvantables. (Note prise dans l'ouvrage allemand : *Les Combats devant Belfort.*)

tion du sud, on prenait, dans le gros de la division Schmeling, le bataillon de landwehr de Wehlau pour aller attaquer le château.

COMBAT DANS LE CHATEAU ET DANS LE PARC.

Pour bien comprendre la suite du combat, il est nécessaire de décrire rapidement le château.

Il s'élève, comme on sait, à l'ouest de la ville, sur une hauteur qui descend en pente raide vers l'Oignon et en pente douce du côté du sud. C'est une vaste construction à murs épais, comprenant un rez-de-chaussée et deux étages. La façade principale regarde le nord, c'est-à-dire la rivière; elle a 70 mètres de long. Le château se compose d'un corps de bâtiment central, auquel attiennent deux ailes. A l'ouest, un parc y est contigu; il s'étend dans le voisinage de l'Oignon jusqu'à la rivière même. A l'est et au sud, le parc est entouré d'un mur peu élevé qui court sur la pente de la hauteur; il était écrêté en quelques endroits. Le mur est, qui sépare le parc de la ville, s'arrête à peu près à hauteur de la façade sud du château, à une petite maison qui fait partie des communs, pour continuer au delà, avec une très-faible élévation, mais surmonté d'une grille, jusqu'à l'entrée du parc sur la place de l'église. Ce mur est soutient les terres qui partent du pied du château en pente raide, si bien que lorsqu'on est en dedans du mur on plonge dans la ruelle qui en longe le pied, comme aussi des fenêtres de la partie est du château on peut voir ce qui se passe dans cette ruelle. L'étroite bande de terrain qui est entre le château et le mur est plantée d'arbustes et de sapins jusqu'au moulin, qui termine le mur en le prolongeant jusqu'à la rivière. A côté du moulin est une grille qui donne accès dans le parc; elle était fermée au début, mais vraisemblablement fut rouverte dans la soirée par les Prussiens.

L'entrée principale du parc, avons-nous dit, est du côté sud-est, face à l'église; on pénètre par une double grille, laissant une première petite cour de 10 mètres de longueur, dans la cour principale du château où sont des bosquets. En face de cette entrée est la partie centrale du château, dans lequel on entre par une porte principale qui débouche dans un large vestibule; d'autres portes permettent d'entrer directement dans les ailes du bâtiment.

Après avoir passé l'Oignon, le bataillon de Wehlau, chargé de l'attaque du château, s'avança par les rues voisines du parc dans la direction donnée. Il était environ six heures; le combat engagé entre le 25e et les Français durait toujours. On forma pour l'attaque deux demi-bataillons : l'un fut dirigé à droite en passant par le moulin pour attaquer le château par le nord et par l'est; l'autre tourna à gauche pour chercher à pénétrer par l'est dans la cour principale.

Quand les Français établis dans le château aperçurent le demi-bataillon de droite qui montait les pentes nord, ils le saluèrent d'une vive fusillade qui arrêta tout d'abord son attaque.

Le demi-bataillon de gauche, qui s'avançait le long du mur par la ruelle à pente raide, devenue glissante à cause de la gelée, fut de même reçu à coups de fusil, si bien que son chef se décida à revenir sur ses pas pour chercher, s'il était possible, un point d'attaque plus favorable.

Le bataillon d'Osterode avait été envoyé pour soutenir le bataillon de Wehlau.

Ainsi, de tout le gros de la division, il ne restait en réserve, à la sortie sud du pont, que le bataillon d'Ortelsbourg, qui, pour couvrir son flanc gauche, avait envoyé une compagnie vers le Scey; il y avait encore en avant, dans l'intérieur de la ville, une compagnie de Thorn, que rejoignit une autre compagnie du même bataillon revenant de Moimay. Le bataillon de Graudenz était employé partie encore à Moimay, partie à la conduite des prisonniers.

Le bataillon d'Osterode s'avança vers le château par la rue qui, longeant la rivière, passe près du moulin et va rejoindre le mur du parc. En tête était la 2ᵉ compagnie et avec elle le chef du bataillon, le major von Wussow. En approchant du parc, on aperçut en haut, en dehors du mur, une troupe que l'on reconnut après comme le demi-bataillon de gauche de Wehlau qui battait en retraite. Le bataillon d'Osterode voulait gagner la porte d'entrée de la cour du château, sur la place de l'église, en remontant la ruelle. Pendant qu'il se préparait à exécuter ce mouvement, il fut bousculé par le demi-bataillon de Wehlau, qui, dégringolant sur la pente gelée et glissante, tombait au milieu de ses rangs. Il en résulta une assez grande confusion, qu'on mit un certain temps à faire cesser. C'est en dehors du mur est du parc, à peu près à mi-côte entre le château et le moulin, qu'eut lieu cette bousculade.

Rappelons qu'il faisait nuit, bien qu'il y eût clair de lune, et qu'on entendait le bruit du combat dans les rues voisines.

La pointe de la 2ᵉ compagnie d'Osterode, toujours en tête, n'avait pas été emportée par la débandade et n'avait pas eu connaissance du désordre qui en était résulté; elle marchait toujours, se croyant suivie du gros du bataillon. En réalité, il ne restait avec le major von Wussow qu'un peu plus d'un peloton.

En approchant de la porte d'entrée du parc restée ouverte, il reçut de la cour, et particulièrement de la maison du concierge qui est à gauche en entrant, une grêle de coups de fusil. Le major de Wussow lance sa troupe à la baïonnette, et, devant cette attaque, les défenseurs s'enfuient en laissant un mort. Malgré le feu qu'ils reçoivent des fenêtres du château, les Prussiens traversent la cour et pénètrent dans le bâtiment central du château par la porte principale laissée, elle aussi, ouverte. Les Français, qui étaient dans le vestibule, se retirent rapidement, en tiraillant, dans les étages supérieurs et dans les caves, et les Prussiens occupent le salon qui est au rez-de-chaussée et dont les fenêtres donnent sur l'Oignon.

Voyant que le gros du bataillon n'arrivait pas, on envoie un officier pour le chercher et l'amener. Contre toute attente, cet officier donne à la porte de la cour dans une troupe de Français ; il est, en un instant, entouré et fait prisonnier. A partir de ce moment, la porte de la cour resta aux mains des Français ; cette possession du parc et de l'entrée principale de la ville, du côté de Rougemont, facilita beaucoup les entreprises ultérieures des Français contre le château.

Il y avait quelques instants que la tête du bataillon d'Osterode avait pénétré dans le château, quand, sous les fenêtres du côté de l'Oignon, on vit s'approcher doucement de la landwehr prussienne. C'était une troupe du demi-bataillon de droite de Wehlau, qui, arrêté dans le bas du parc, au pied de la hauteur, près du moulin, se disposait à attaquer de nouveau le château. Ceux d'Osterode ouvrirent les fenêtres du salon et une porte qui s'y trouvait, mais dont les marches en dehors manquaient. C'est par cette porte qu'entrèrent ceux de Wehlau, en se servant soit de l'aide de leurs camarades d'Osterode, soit des branches d'une vigne en espalier qui grimpait le long de la muraille.

Après l'arrivée de ce renfort inattendu, le major von Wussow se décida à pénétrer dans le premier étage encore occupé par les Français. Les hommes furent partagés en deux troupes : l'une, sous la conduite du major, devait attaquer l'escalier principal, pendant que l'autre, dirigée par le lieutenant Förstemann, qui connaissait déjà les lieux, devait, par un escalier latéral, déboucher dans le flanc de l'adversaire.

Après avoir pris les précautions nécessaires, le major, à la tête de ses hommes, s'élança dans l'escalier principal. Il fut reçu à coups de fusil par les Français restés en haut ; mais, devant la courageuse attaque des landwehriens, ils se retirèrent rapidement dans le grand salon du premier étage. Le major von Wussow les suivit et pénétra résolûment dans ce salon, où il se trouva en présence d'une troupe d'environ cent vingt hommes, avec un officier, qui se rendirent. Les Prussiens avaient donc conquis une partie du premier étage ; mais les Français occupaient encore le reste et tout le deuxième étage.

Laissons pour un moment les troupes du château pour revenir au gros du bataillon d'Osterode, que nous avons laissé au milieu de la confusion amenée par sa rencontre avec le demi-bataillon de gauche de Wehlau. Au bout de quelque temps on parvint à débrouiller ce désordre; mais, comme nous le savons, la liaison avec la pointe du bataillon qui avait continué sa marche était complétement perdue.

Le reste du bataillon, moins une compagnie, se dégagea de la masse confuse et revint le long du mur jusqu'à l'endroit où il se termine, près du moulin; là, il pénétra dans le parc, et, gravissant la hauteur, il arriva ainsi à la façade du château tournée vers l'Oignon et entra dans le salon du bas par les fenêtres ouvertes.

Par la même route arriva le demi-bataillon de Wehlau, dont l'autre moitié était déjà dans le château.

La 4e compagnie d'Osterode avait, au contraire, remonté la ruelle, escaladé le mur à hauteur de l'aile orientale du château et pénétré dans le parc de ce côté. La porte qui donne accès dans cette aile fut enfoncée, malgré le feu des Français qui tiraient d'en haut, et on occupa le rez-de-chaussée.

Le colonel von Krane, commandant le 2e régiment de landwehr de la Prusse orientale, dont faisait partie le bataillon d'Osterode, était sur ces entrefaites arrivé, lui aussi, dans le château, en entrant comme les troupes par une des fenêtres du salon. Quand il arriva, la troupe de Français du premier étage était déjà prise. D'accord avec le major von Wussow, il prit ses dispositions pour faire occuper l'aile occidentale par une compagnie, l'aile orientale par une autre, et la partie centrale du bâtiment, ainsi que la cour, par les six autres compagnies. Les prisonniers français du premier étage y furent provisoirement laissés sous bonne garde.

Il est probable qu'au moment de l'entrée des Prussiens dans le château, une partie de l'infanterie française qui s'y trouvait s'était repliée dans le parc; mais il en était resté un bon nombre dans le château, partie dans les étages supérieurs, partie dans les caves.

En prenant possession de l'aile ouest du château, les Prussiens firent encore 24 prisonniers.

Le bataillon de Wehlau tenta de pénétrer dans les caves qu'occupait l'ennemi; mais toutes les tentatives échouèrent, non sans pertes; les Français, tirant d'en bas, empêchaient de s'approcher de l'escalier de la cave.

Le bataillon tenta aussi quelques sorties hors de la cour, dans le parc que les Français occupaient, et chaque fois il en résulta une violente fusillade. Les Français étaient installés dans la maison du concierge et dans la maisonnette qui lui fait pendant de l'autre côté de la grille, à 25 mètres du château.

C'est dans cette situation que les Prussiens restèrent maîtres du château et de la partie du parc comprise entre le château, le mur est et la rivière.

Au milieu de tous ces événements, on avait atteint huit heures.

Laissons pour un instant la lutte dans Villersexel, pour voir quelle était la situation au nord de l'Oignon.

A Moimay, comme on sait, le combat avait cessé après que la dernière attaque des Français eut été repoussée; de même Marast restait occupé par le 3e régiment badois.

Comme aucun danger ne paraissait plus à craindre du côté de Moimay, le bataillon du 30e fut, à six heures passées, rappelé à Villersexel, où il prit une position d'attente à l'issue nord du grand pont. Vers sept heures, pendant que le combat continuait dans Villersexel, les deux autres bataillons du 30e revinrent également, et occupèrent la tannerie située en avant de la sortie nord du pont.

De même, les deux compagnies du bataillon de Graudenz, qui étaient à Moimay, revinrent à Villersexel se mettre en réserve près du pont, sur la rive nord; elles furent bientôt rejointes par les deux autres compagnies qui avaient conduit les prisonniers.

L'artillerie de la division Schmeling et celle du détachement Goltz furent, à sept heures, dirigées sur Aillevans, où elles s'établirent au bivouac, ainsi que la cavalerie qui, pendant le combat, était restée en arrière de la réserve.

Le gros de la division badoise se trouvait à Aillevans et aux alentours; elle rappela son artillerie, qui était entrée en action à Marast; une batterie pourtant resta avec l'infanterie postée dans ce village. Le détachement envoyé à Saint-Sulpice y resta jusqu'au matin. La brigade de cavalerie, quand l'ordre donné plus loin lui fut parvenu, établit ses quartiers, dans le reste de la nuit, à Borey et environs.

Le général Werder avait, pendant ce temps-là, pris la résolution de concentrer, pour le 10 janvier au matin, son corps d'armée autour d'Aillevans, pour y recevoir l'attaque des Français si elle se produisait, ou autrement pour se retirer vers la Lizaine.

C'est dans cette intention qu'il donna, à huit heures un quart (Löhlein dit sept heures un quart), à la ferme de la Grange-d'Ancin, l'ordre suivant:

« Les troupes occupent les points qu'elles ont conquis aujourd'hui. La 1re brigade sera, le 10 janvier de grand matin, à Arpenans. Une brigade badoise occupera Oppenans et Oricourt. L'autre brigade badoise se tiendra en réserve à la rencontre de la route d'Arpenans avec la route Lure—Aillevans. La brigade Goltz occupera Aillevans; la division Schmeling passera l'Oignon sur deux ponts de bateaux et occupera Longevelle et Villafons; les ponts sur le ruisseau de Scey devront être défendus. La compagnie de pionniers établira, près de Gouhenans, un pont de chevalets sur l'Oignon. Les mouvements se feront dans l'ordre suivant : la division badoise, qui garde Marast, commence de suite le mouvement; le détachement Goltz, qui est à Moimay, la suit, et s'entend, pour son départ, avec le général von Glümer.

« La division Schmeling marche par la nouvelle route sur Longevelle, en laissant en arrière, pour garder Villersexel, 2 bataillons, sa cavalerie et de l'artillerie, si on le juge nécessaire. »

A la suite de ces ordres, le détachement resté à Vesoul fut avisé de quitter ses positions le 10 dès le matin, pour reconnaître les routes dans la direction d'Esprels, et au besoin de prendre part au combat, s'il y en avait un d'engagé à Villersexel.

Le général Werder transporta alors, pour la nuit, son quartier général à Aillevans.

Nous allons voir comment les mouvements ordonnés à la division Schmeling et au détachement Goltz ne purent être exécutés immédiatement.

En effet, le combat continuait avec violence dans Villersexel. Le 25e régiment soutenait toujours, sur la lisière sud de la ville, un combat extrêmement acharné; les deux bataillons de landwehr étaient toujours dans le château, et nous reprenons les événements au moment où le colonel von Krane venait de donner des ordres pour l'occupation régulière du vaste bâtiment. Ses dispositions prises, le colonel et le major von Wussow, accompagnés du lieutenant Förstemann et d'une poignée d'hommes, voulurent procéder à la visite des combles. Dans une des chambres, ils se trouvèrent bientôt en face d'un groupe de Français qui, à la vue des Prussiens, fit feu et tua le lieutenant Förstemann.

Pendant cette visite, qui continua sans autre incident, le bataillon de Wehlau, par suite sans doute de la résistance énergique que les Français continuaient dans les caves, informait le général von Schmeling que l'adversaire faisait dans le château une résistance acharnée. Le général répondit à l'officier qui lui faisait ce rapport : « Eh bien! qu'on les enfume! » (*Nun ! so rauchert sie hinaus.*)

L'officier prit cette indication au pied de la lettre et la transmit comme un ordre de mettre le feu au château, tandis que le général voulait seulement expulser les défenseurs[1].

Le malheur voulut encore que cet officier, sans doute sous l'im-

---

[1] Lorsque le général von Schmeling eut connaissance du malentendu, il déclara immédiatement, de la façon la plus formelle, qu'il n'avait jamais eu la pensée d'incendier le château, et qu'on ne devait pas donner ce sens au mot : *hinausrauchern*. Pour nous, il nous semble que nous aurions compris l'ordre du général comme l'officier qui rapporta ses paroles. (Note de l'ouvrage allemand : *Les Combats devant Belfort.*)

pression du combat qui faisait rage dans les rues du côté du sud, s'imaginât voir le pont sur l'Oignon sur le point de tomber au pouvoir des Français, et, par suite, cette ligne de retraite coupée aux Prussiens.

Sous l'influence de ces malentendus, l'officier apporta, en même temps que l'ordre d'incendier le château, la nouvelle alarmante de la perte du pont de pierre. Dans une pareille situation, il était grand temps d'évacuer le château, puisque la principale ligne de retraite n'était déjà plus accessible.

On procéda donc à l'incendie de la partie ouest du château, et on y apporta lits, paille et toutes sortes d'objets inflammables auxquels on mit le feu. En même temps, les troupes prussiennes évacuaient le château. Comme on croyait que le pont de pierre était au pouvoir des Français, on se décida à opérer la retraite par la ligne la plus directe, c'est-à-dire en traversant la rivière. Pour couvrir le mouvement, on plaça dans la cour, à l'aile orientale du château, une fraction du bataillon de Wehlau, pendant que le reste descendait la pente rapide de la hauteur du côté de l'Oignon, et passait la rivière à gué. L'eau atteignait les hommes jusqu'à hauteur des reins, et, en quelques endroits même, il fallut nager. Plusieurs hommes se noyèrent. Toutefois, le capitaine Czigan, avec quelques hommes, resta à l'aile orientale, ainsi que le colonel von Krane et son escorte qui, occupés à visiter les combles, n'avaient pas eu connaissance de ces incidents.

Il n'est pas possible de fixer d'une manière précise le moment de l'évacuation du château. Il devait être environ dix heures du soir.

Pour le moment aussi, le général von Schmeling ignorait ces événements.

Arrivés sur la rive droite de l'Oignon, les bataillons de Wehlau et d'Osterode se reformèrent, puis, remontant la rive, finirent par rejoindre le bataillon de Graudenz, qui était revenu s'établir près du pont. Alors seulement on s'aperçut de l'erreur commise, car le pont n'était nullement menacé par l'ennemi.

L'incendie dans le château avait, pendant ce temps-là, gagné du terrain et les flammes allaient bientôt sortir par les fenêtres.

Après avoir parcouru toutes les parties supérieures du château, le colonel von Krane revenait avec son escorte au rez-de-chaussée. A peine avait-il pénétré avec une lumière dans une pièce donnant sur la cour, que les balles sifflèrent par les fenêtres. La lumière avait attiré les coups de fusil des Français rentrés dans la cour. On l'éteignit, et on constata avec étonnement que le château était évacué par les Prussiens et la cour occupée par les Français. Le colonel von Krane se transporta avec ses hommes à l'aile orientale, celle qui était plus voisine de la ville, c'est-à-dire du côté où il pouvait attendre quelque secours. Il trouva dans cette aile le groupe de la compagnie Czigan. Malgré ce renfort assez important, la petite troupe ne pouvait, sans être soutenue du dehors, exécuter sa retraite du côté de la ville ; les Français, dont le nombre ne pouvait être facilement reconnu dans l'obscurité, commandaient les issues du château.

Les Français reprirent possession des parties qui n'étaient pas encore la proie des flammes, et, selon toute probabilité, furent aidés dans cette occasion par les prisonniers enfermés dans le salon du premier étage, et que la retraite des Prussiens avaient laissés libres. On sait aussi que des Français s'étaient maintenus dans les caves pendant toute la durée de l'occupation du château par les Prussiens. La petite troupe du colonel von Krane et du major von Wussow était donc littéralement bloquée dans l'aile orientale, sans être pourtant énergiquement assaillie. Le bruit du violent combat engagé dans les rues du côté du sud continuait à se faire entendre.

Après quelques instants d'anxieuse attente, le moment était venu de sauver cette poignée d'hommes d'une situation aussi critique. Il était environ dix heures et demie, lorsque le colonel von Knappe donna l'ordre au demi-bataillon de Thorn, qui était en réserve dans le bas de la ville, de se porter vers le château au secours des troupes qui devaient, croyait-on, y combattre encore.

Lorsque ce demi-bataillon commença à gravir les ruelles en pente qui aboutissent au château, il fut reçu par un feu très-vif auquel il répondit ; cet incident ne laissa pas que d'étonner beaucoup, parce qu'on pensait n'avoir devant soi que des troupes amies. On fut bien plus étonné encore lorsqu'on entendit distinctement la voix du colonel von Krane qui, d'une fenêtre du château, criait de ne pas tirer de ce côté, d'où cependant venaient les coups de l'adversaire. Enfin, on put s'orienter assez pour constater que les parties du château non incendiées étaient entre les mains des Français, et que le colonel von Krane était bloqué avec quelques hommes.

Le colonel, du haut de sa fenêtre, put s'entendre avec le chef du demi-bataillon ; celui-ci devait occuper l'adversaire et détourner ses feux, afin de protéger ainsi la sortie de la petite troupe bloquée.

Les deux compagnies de Thorn postées sur les pentes est du château dirigèrent sur les bâtiments un feu nourri qui provoqua de la part des Français une vive fusillade.

Pendant ce temps-là, le colonel von Krane et le major von Wussow se préparaient avec leurs hommes à exécuter leur sortie. Pour favoriser l'opération, une salve fut dirigée par la porte et les fenêtres voisines sur la cour occupée par les Français, et alors la petite troupe se précipita dehors en poussant des hourras pour gagner, à l'autre bout de la cour, la porte donnant sur la place. Surpris tout d'abord par cette offensive énergique, les Français reculèrent ;

mais, trompé par l'obscurité sur la situation exacte de la porte, le colonel von Krane fit tourner trop tôt à gauche, et, au lieu d'aborder l'issue désirée, on vint donner contre le mur qui termine le parc à l'est, et qui |heureusement n'avait pas une grande hauteur. Au même moment, on pouvait apercevoir en arrière du mur la 3ᵉ compagnie de Thorn qui, pour favoriser la sortie, exécutait elle-même une attaque. Déjà cette compagnie s'apprêtait à faire feu sur la petite troupe qu'elle prenait pour des Français, lorsqu'on se reconnut mutuellement et assez tôt pour éviter une fatale méprise. Quand les Français virent cette poignée d'hommes tourner à gauche, ils se jetèrent à sa poursuite et se mirent à tirer. Le lieutenant Kurrek reçut une balle dans le pied et tomba ; un autre lieutenant, son camarade, le chargea sur son dos et l'emporta jusqu'au mur, par-dessus lequel on le passa. Ce mur fut heureusement franchi par la petite troupe, et les Français qui étaient sur ses talons furent accueillis par la fusillade des landwehriens de Thorn.

La petite troupe était sauvée, grâce à l'énergique conduite de ses chefs et à la bravoure de tous.

Le major von Wussow, avec ses hommes, repassa l'Oignon et rejoignit son bataillon qu'il trouva près de là. Le demi-bataillon de Thorn se replia lentement dans la ville.

Peu après, sur l'ordre du commandant de la division, les deux bataillons d'Osterode et de Wehlau et les deux compagnies de Thorn restés au sud de l'Oignon, furent reportés en avant vers le château et le parc pour y tenir les Français en échec. Il était en effet urgent d'assurer les derrières des troupes prussiennes qui combattaient dans le haut de la ville. Ces bataillons franchirent le pont et poussèrent, dans les rues vers le château et sur les bords de la rivière, de fortes bandes de tirailleurs. Leur aile droite s'étendait jusqu'à hauteur du petit pont de la forge et trouvait là, dans une digue qui longe la rive sud, un bon point d'appui.

La fusillade recommença alors avec toute sa violence et dura jusqu'à la retraite des troupes prussiennes. Les Français se maintenaient dans la cour et dans la partie non incendiée du château ; ils occupaient toute la hauteur et s'étendaient dans le parc.

Pour les empêcher de gagner du terrain, les Prussiens firent plusieurs fois des retours offensifs, surtout quand ils devenaient trop pressants. A l'issue sud du grand pont, le bataillon d'Ortelsbourg était en réserve ; il fut un moment envoyé comme soutien éventuel des troupes qui étaient dans le parc, mais il fut bientôt rappelé près du pont[1].

---

[1] Des officiers badois prétendent, pendant le combat de nuit de Villersexel, avoir entendu quelques coups de canon ; cette assertion nous étonne, car du côté des

Le 30e régiment et le bataillon de Graudenz étaient restés pendant ce temps-là dans leur position à la sortie nord du pont.

Vers une heure et demie arriva l'ordre de cesser peu à peu le combat et de battre en retraite. La landwehr qui était vers le château fut relevée dans ses positions par 2 compagnies du 25e, et franchissant le grand pont elle se replia au nord de l'Oignon avec le bataillon d'Ortelsbourg resté en réserve.

Après la landwehr vinrent les 2e et 3e bataillons du 25e. Le 1er bataillon de ce régiment couvrit la retraite et fut la dernière troupe qui évacua Villersexel, après qu'on eut barricadé autant que possible l'entrée sud du pont.

Ainsi c'est bien sous la pression des événements, et non pas de leur plein gré, que les Prussiens évacuèrent complétement la ville, puisque l'ordre du corps d'armée donné dans la soirée avait décidé qu'on y laisserait jusqu'au matin deux bataillons et la cavalerie.

Les Français, épuisés par ce long combat, ne poursuivirent pas leurs ennemis en retraite. Seules les dernières compagnies, au moment où elles quittèrent le pied de la hauteur du château, furent inquiétées par la fusillade qu'on leur tira d'en haut [1].

A deux heures trois quarts du matin, Villersexel était complétement évacué par les Prussiens.

L'incendie du château dura toute la nuit. Les débris qui s'écroulaient ensevelirent les cadavres restés là, mais aussi malheureusement firent périr des blessés des deux côtés [2].

Prussiens, l'artillerie avait été ramenée en arrière, vers Aillevans, et, du côté des Français, on amena bien quelques pièces dans l'intérieur de la ville, notamment sur la place de l'église, mais on ne s'en servit pas. Du reste, la façade du château du côté de la ville, qui est encore debout (novembre 1878), ne porte aucune trace d'obus.

[1] L'ouvrage de Löhlein, au sujet de la retraite des Prussiens, prétend que les Français avaient évacué la ville, et que c'est pour cela que tout était silencieux à deux heures du matin. Il assure que la ville était d'une manière si incontestable en la possession des Prussiens, que l'ennemi n'osa pas inquiéter dans sa retraite le 1er bataillon du 25e, qui se repliait le dernier. Cette façon d'exposer les faits est très-spécieuse, car au moment où les Prussiens battirent en retraite, les Français occupaient et avaient occupé toute la nuit la partie sud-est de la ville et possédaient encore la position dominante du château. Dans de pareilles conditions, on ne peut pas dire que les Prussiens avaient la possession incontestée de Villersexel. En outre, le récit du capitaine Löhlein laisse croire que la retraite des Prussiens ne s'ést opérée qu'après que les Français eurent cessé le combat et abandonné le terrain. Cette assertion n'est pas non plus conforme à la vérité, car le combat cessa parce que les Prussiens l'interrompirent en se repliant peu à peu. Que les Français soient restés en position et n'aient pas entrepris de poursuite, c'est fort naturel, car après une affaire aussi chaude, ils avaient tout autant besoin de repos que leurs adversaires. (Note de l'ouvrage allemand : *Les Combats devant Belfort.*)

[2] Aujourd'hui (novembre 1878), les ruines de ce vaste bâtiment se dressent encore pour rappeler à tous les horreurs de la guerre. La façade nord s'est écroulée

Les troupes de la division Schmeling gagnèrent Longevelle, franchirent l'Oignon sur le pont de bateaux et prirent à cinq heures du matin, près de Villafans, une position de rassemblement. A six heures, elles prirent leurs quartiers dans les localités voisines. Le détachement badois de Saint-Sulpice rejoignit sa brigade à Aillevans.

Du côté du détachement Goltz, le 34ᵉ avait, entre une et deux heures du matin, évacué Moimay avec le plus grand silence, et s'était replié sur Aillevans où le 30ᵉ régiment le rejoignit.

Intercalons ici un fait qui prouve que les Allemands eurent un moment d'inquiétude, c'est que, pendant le cours de la nuit, on envoya deux escadrons de dragons badois sur les routes conduisant à la Lisaine, pour les faire dégager par les convois et éviter tout encombrement en cas de retraite.

Le gros de l'armée française se tint, pendant la nuit du combat, sur la ligne Esprels-Magny-Villers-la-Ville et en arrière, en majeure partie au bivouac. Le quartier général de Bourbaki était au château de Bournel, près de Cubrial. Les Français couchaient sur le champ de bataille, et l'avantage leur était resté; mais, en même temps, ils n'avaient fait que refouler Werder sur les lignes d'étapes et sur Belfort, son objectif, au lieu de l'en couper.

Werder, au contraire, avait atteint son but. Les Français avaient perdu toute une journée à cette lutte stérile, et ils allaient perdre encore une ou deux journées avant de se remettre en route, tandis qu'entre sept et huit heures du matin les Allemands, voyant qu'on ne se disposait pas à les attaquer, se mettaient en marche sans plus attendre.

Les pertes, moins grandes qu'on pouvait le supposer d'après la longueur de l'action, se montaient du côté des Français à environ un millier d'hommes, dont 260 prisonniers faits dans le combat du matin.

Les pertes totales des Allemands en tués, blessés, prisonniers, s'élevaient à 627 hommes et 27 officiers; les Badois ne figuraient dans ce chiffre que pour 8 hommes; les plus grosses pertes furent pour le 25ᵉ régiment, d'après Blume.

Löhlein donne comme pertes seulement 424 hommes et 14 officiers.

---

avec une partie de la façade est; les autres façades, toujours debout, se détachent avec leurs fenêtres percées à jour sur le fond sombre des sapins qui l'entourent, et forment un tableau pittoresque mais lugubre qui attire les regards comme un vivant *Souviens-toi !*

COMPOSITION DES TROUPES ALLEMANDES

DU XIV⁰ CORPS.

Division badoise. — Général von **Glumer**.

1ʳᵉ brigade. — Colonel von **Wechmar**.

1ᵉʳ régiment badois.
2ᵉ régiment badois.

2ᵉ brigade. — Général von **Degenfeld**.

3ᵉ régiment badois.
4ᵉ régiment badois.

3ᵉ brigade. — Général **Keller**.

5ᵉ régiment badois.
6ᵉ régiment badois.

Cavalerie : 3ᵉ dragons.

Artillerie : 6 batteries.

Brigade de cavalerie. — Colonel von **Willisen**.

Artillerie de corps : 4 batteries.
Une compagnie de pionniers.

Détachement von Goltz.

Brigade d'infanterie :

30ᵉ régiment prussien.
34ᵉ régiment prussien.

Brigade de cavalerie :

2ᵉ dragons de réserve.
2ᵉ hussards de réserve.

Artillerie : 3 batteries.

4e Division de réserve. — Général von Schmeling.

1re brigade. — Colonel von Knappe.

25e régiment prussien.
2e régiment de landwehr de la Prusse orientale :

> Bataillon d'Osterode,
> Bataillon d'Ortelsbourg,
> Bataillon de Graudenz,
> Bataillon de Thorn.

2e brigade. — Colonel von Zimmermann.

1er régiment de landwehr de la Prusse orientale :

> Bataillon de Tilsitt,
> Bataillon de Wehlau,
> Bataillon de Insterbourg,
> Bataillon de Gumbinnen.

3e régiment de landwehr de la Prusse orientale :

> Bataillon de Lötzen,
> Bataillon de Goldap,
> Bataillon de Dantzig,
> Bataillon de Marienbourg.

Une compagnie de pionniers.

2e brigade de cavalerie de réserve. — Général von Treskow II.

> 1er hussards de réserve.
> 3e hussards de réserve.

Artillerie : 6 batteries.

COMPOSITION DES CORPS DE L'ARMÉE FRANÇAISE

AYANT EU DES TROUPES ENGAGÉES AU COMBAT DE VILLERSEXEL.

18ᵉ CORPS. — Général BILLOT.

1ʳᵉ DIVISION. — Général FEILLET-PILATRIE.

1ʳᵉ brigade. — Général ROBERT.

9ᵉ bataillon de chasseurs de marche.
42ᵉ régiment de marche.
19ᵉ régiment de mobiles (Cher).

2ᵉ brigade. — Général N...

44ᵉ régiment de marche.
73ᵉ régiment de mobiles (Isère, Loire).

3ᵉ brigade. — Général DE L'ESPÉE.

2ᵉ régiment de marche (2 bataillons).
12ᵉ bataillon de chasseurs de marche.
42ᵉ régiment de mobiles.

2ᵉ DIVISION. — Contre-amiral PENHOAT.

1ʳᵉ brigade. — Général PERRIN.

52ᵉ régiment de marche.
77ᵉ régiment de mobiles (Maine-et-Loire, Tarn, Allier).

2ᵉ brigade. — Général PERREAUX.

1ᵉʳ bataillon d'infanterie légère d'Afrique.
92ᵉ régiment de ligne.
80ᵉ régiment de mobiles (Ardèche, Deux-Sèvres, Isère).

3ᵉ DIVISION. — Général BONNET.

1ʳᵉ brigade. — Général RITTER.

4ᵉ régiment de zouaves de marche.
81ᵉ régiment de mobiles (Charente-Infér⁰, Indre, Cher).

2ᵉ brigade. — Général N...

53ᵉ régiment de marche.
82ᵉ régiment de mobiles (Vaucluse, Var, Drôme).

A chaque division : 3 batteries.
Artillerie de corps : 6 batteries.

DIVISION DE CAVALERIE. — Général DE BRÉMOND D'ARS.

1ʳᵉ brigade. — Général CHARLEMAGNE.

Deux régiments de marche.

2ᵉ brigade. — Général N...

Deux régiments de marche.

20ᵉ CORPS. — Général CLINCHANT.

1ʳᵉ DIVISION. — Général DE POLIGNAC.

1ʳᵉ brigade. — Général BRISAC.

4ᵉ régiment de mobiles (Loire).
55ᵉ régiment de mobiles (Jura).
50ᵉ régiment de marche.

2ᵉ brigade. — Général GODEFROY.

67ᵉ régiment de mobiles (Haute-Loire).
24ᵉ régiment de mobiles (Haute-Garonne).
Un bataillon de mobiles de Saône-et-Loire.

2ᵉ DIVISION. — Général THORNTON.

1ʳᵉ brigade. — Général DE BERNARD DE SEIGNEURENS.

34ᵉ régiment de mobiles (Deux-Sèvres).
Un bataillon de mobiles de Savoie.
25ᵉ bataillon de chasseurs.

2ᵉ brigade. — Général VIVENOT.

3ᵉ régiment de zouaves de marche.
68ᵉ régiment de mobiles (Haut-Rhin).

3e Division. — Général Séghars.

1re brigade. — Général Durochat.

47e régiment de marche.
78e régiment de marche.
Deux bataillons de mobiles de la Meurthe.

2e brigade. — Général Simonin.

Régiment de mobiles de la Corse.
58e régiment de mobiles (Vosges).
Deux bataillons de mobiles des Pyrénées-Orientales.

CAVALERIE.

7e régiment de chasseurs.
Deux régiments de marche.

A chaque division, deux batteries.

Artillerie de corps : 3 batteries.

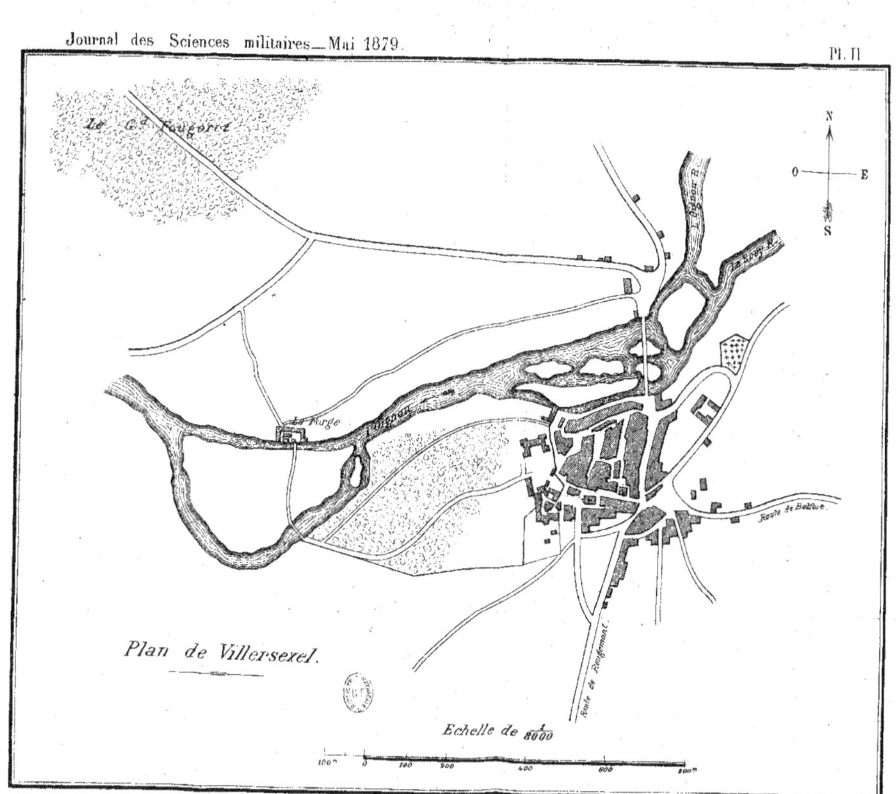
Le C.ᵈ Fougerot
N
O — E
S
T. Bignon R.
La Forge
Lanterne
Route de Belfort.
Route de Rougemont.
Plan de Villersexel.
Echelle de 1/8000
100 ᵐ   0   100   200   400   600   800ᵐ

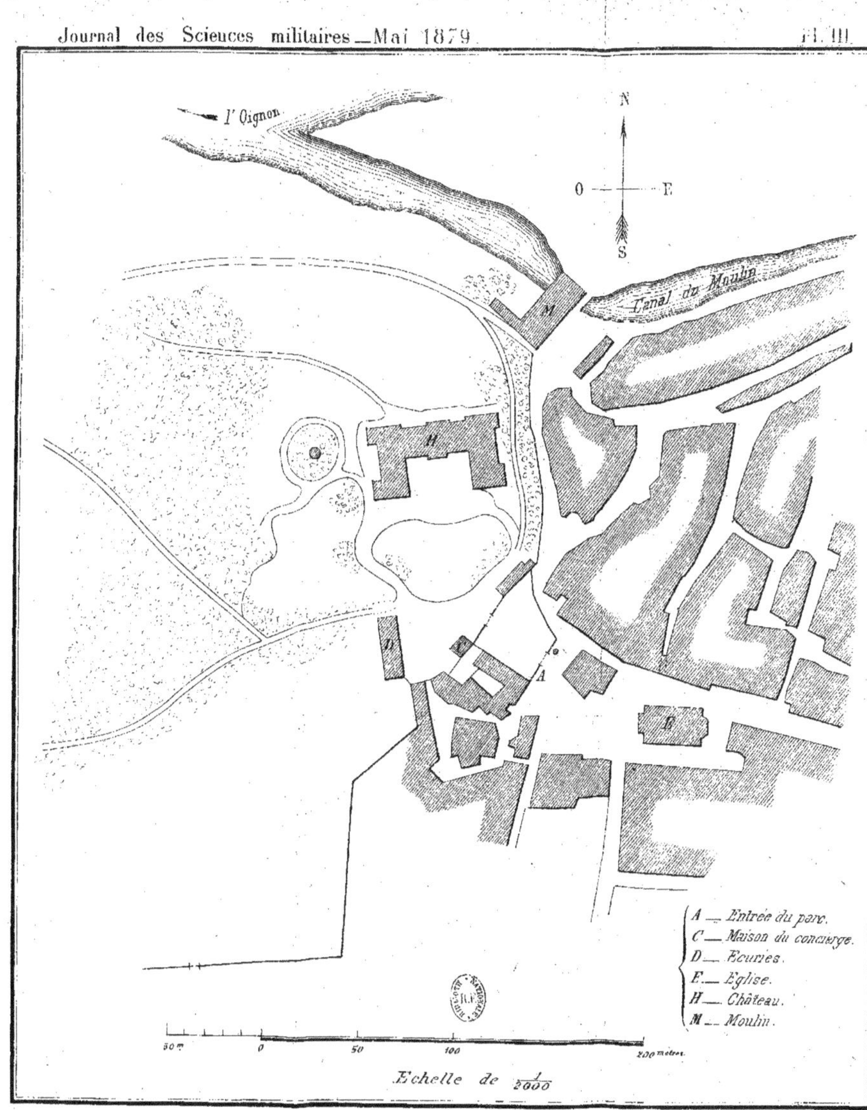
l'Oignon
N
O — E
S
Canal du Moulin
M
H
D
C
A
E
A __ Entrée du parc.
C __ Maison du concierge.
D __ Ecuries.
E __ Eglise.
H __ Château.
M __ Moulin.
50 m   0   50   100   200 mètres
Echelle de 1/2000